在那個十月一號的日子，在香榭大道上，我幫忙喚起了一種全新現象的復甦。這種曾在夏季的三個月間稍微沉寂下來的現象，就是交通——四面八方來來去去的車輛以各種不同速度行駛而過。我目瞪口呆，心中滿是熱切的狂喜。令我狂喜的不是明亮燈光下那些晶瑩閃耀的車輛，而是那股力量……

那股力量就像是受到風暴激盪的洪流，有如一股狂暴的毀滅力量。這座城市正在崩解，已然不可能存續太久。這座城市的時代已經過去了，已經太老舊了。

——柯比意（Le Corbusier），描寫他在一九二四年得到的頓悟

5 巴黎的救贖——

法國。巴黎

在一個晚春的星期五夜裡，聖馬丁運河（Canal Saint-Martin）的河岸彷彿被一場臨時舉辦的園遊會給占據了。每隔一段距離，就有氣球綁在長凳上——這不是某種社區節慶活動的標示，而是為了讓附近一家柬埔寨餐廳的送餐小弟知道該把遊客訂購的越式米粉和春捲送到何處。準備比較充分的遊客在人行道上鋪了野餐布，吃著法國麵包、臘腸與餅乾。在美人倉（Grange-aux-Belles）閘門前的行人拱橋上，一對情侶遊客停下腳步接吻；在諾德飯店（Hôtel du Nord）外面，一位穿著高跟鞋與紅色緊身裙的婦女在銀色的單車架上停妥租來的單車之後，漫不經心地點燃了一根高盧菸（Gauloise）。這大概是最恬靜的城市景象了——各種不同階級、年齡與種族的人聚在一起，在吉他、美食與廉價葡萄酒的陪伴下共享巴黎夜晚的溫暖空氣。

蜿蜒曲折的聖馬丁運河向來具有某種魔力，這條都市水道為塞納河以北的右岸街道注入了一股鹹水與海草的氣味。白天，身穿白色汗衫的老年人坐在庭院椅上，垂釣著鯛魚、鯰魚和鰻魚，滿載沙石的平底船則緩緩航越一連串的閘門——這是一種低科技、低成本，碳排放也低的貨船，看起來也極為賞心悅目。

如果二十世紀的技術專家官員遂其所願，那麼那些市場攤販、露天咖啡座以及四處可見一家人享用著野餐與老人玩著法式滾球的水濱公園，將徹底在巴黎街道上消失。巴黎的市議員曾在一九六〇年代末期擬定計畫，打算以一條八線道的雙層快速道路將運河覆蓋起來。為了興建這條快速道路的入口匝道與高架橋，必須拆除一萬棟住宅；那些外表高雅、陽台面對運河的十九世紀公寓大樓，絕大多數也都不得倖免。這條名為「南北向軸心」的快速道路若是真的建成，將連同其他道路構成一套環繞法國首都的高速路網，宏大的雄心絲毫不遜於摩希斯為紐約市規劃的交通建設。

巴黎能夠留存至今，本身就堪稱是奇蹟。第二次世界大戰期間，納粹占領軍曾經有過一項惡名昭彰的計畫，打算摧毀這座城市。另一次比較鮮為人知的巴黎終結計畫，則是出自建築師柯比意的構想。他挑上聖馬丁運河以西的瑪黑區（Marais）——那裡是巴黎歷史上的猶太人居住區——企圖實現自己理想中的「光輝城市」，在瑪黑區建造一座初期的原型。柯比意在一家法國汽車製造商的資助下，於一九二五年發表了鄰比計畫（Plan Voisin）。他規劃出二十幢適度間隔、各高八十層的摩天大樓，建於一套由筆直的街道交錯而成的路網上。這座新城市的關鍵將是私人汽車的普及。柯比意認為，只要在部分地區夷為平地的城市裡興建高架的高速道路，即可解決巴黎當時剛開始出現的交通問題。他將保留羅浮宮與孚日廣場（Place des Vosges），以及其他「若干歷史紀念碑、拱廊、門口」。不過，塞納河與蒙馬特之間數百英畝的土地將得臣服在推土機之下。「城市的中心必須接受手術，」柯比意宣稱道：「我們必須動刀。」（萊特構思的廣畝城市雖是對柯比意的直接回應，以分散的規劃對比於光輝城市的高密度設計，但兩者同樣都是以居民普遍擁有私人汽車為本。）

在納粹的炸藥與高架快速道路興建計畫的包夾下，巴黎的街道差點就在二十世紀毀於意識形態與進步的名義下。這些街道之所以能夠保存下來，而巴黎也能在數十年間歷經大蕭條、敵國占領與市郊化發展的風風雨雨仍然運作如昔，乃是因為街道底下的地鐵：在區域快速鐵路（Réseau Express Régional）的搭配下，巴黎的地鐵是世界史上最巧妙也最具效率的都會運輸網絡。

近來，這套系統的負荷已達極限，更加證明其有用的程度。所幸，法國人正準備投注大筆資金興建次世代的大眾運輸系統，其雄心遠勝於目前在西半球規劃的所有其他大眾運輸建設。

巴黎的地鐵系統雖然仍由公家營運——至少就目前為止是如此——但鮮為人知的是，法國企業正積極外銷他們的大眾運輸技術，強力拓展外國市場，從孟買到紐奧良都可看見他們的身影。在不久的將來，許多人都可搭到法國的電車、火車與公車。這發展雖然優於柯比意那種侵蝕性的都市建設，但只要是關心城市未來的人，都應當注意法國這項出人意料的最新輸出品：大眾運輸的民營化。

一個霸王車乘客的告白

巴黎是一座讓我愛上城市的城市。

當時我二十三歲，大學畢業後決定四處旅行，見見世面，而在歐洲到處流浪。我在巴黎時正好把錢花光。巴黎的街道深深啟發了我：不像我所生長的北美城市那樣紛雜紊亂，巴黎全城彷彿由一位不朽的審美家以一項跨世代的龐大計畫為基礎所設計而成。杜樂麗花園（Tuileries）那一排排的雕像與香榭大道的栗樹連成一線，又正對凱旋門以及三英里外的拉德芳斯（La Défense）。每隔幾個街口，即可見到拱頂有四具鑄鐵女像柱矗立的瓦拉士噴泉，守護著恆久流瀉的飲用水；[1]就連大道上的賣報亭看起來也有如巴洛克風格的海灘小屋。我愛上一位法國女子，找到了一份教英語的工作，結果在巴黎住了四年。

我花了許多時間在街上漫步，但真正讓我得以認識這座城市的關鍵卻是地鐵。一開始，巴黎地鐵顯得頗為嚇人，猶如一座陰暗的迷宮，到處都是別人投來的銳利目光，不時會聽到一句不甚友善的「借過」在身邊響起，空氣中充斥著許許多多的污濁氣味，其中摻雜了清潔劑、煞車屑與積水的氣味，再加上偶爾的香奈兒香水與陳年菸味。不過，巴黎地鐵很快就勾引了我。如同卡夫卡指出的，這套系統的美妙之處在於買票或搭車都不必開口與人對話，正適合還不熟習當地語言的外來客。

卡夫卡在一九一一年的旅行日誌裡寫道：「由於巴黎地鐵極易理解，因此能讓既脆弱又滿懷希望的陌生人覺得自己一眼就正確看穿了巴黎的本質。」

我當時教課的對象包括醫生、會計師與高中生，因此每天都得搭乘地鐵前往市中心的公寓和市郊的別墅，於是不久後我就精熟了這座地下帝國的各種現象。在共和廣場站（République），令人生畏的吉卜賽人乞丐帶著雜種狗和塑膠袋，成群占據月台，為路過的乘客表演酒醉的即興歌劇。在聖奧古斯丁站（Saint-Augustin），我總會注意聆聽從鐵軌底下傳來的蟋蟀叫聲——那些住在鐵軌底下的蟋蟀，在冬季靠著列車經過所產生的熱度而存活。每當我沒錢買票，我就會跨過驗票閘門——和那些搭霸王車的惡劣乘客一樣——而在整趟車程上緊張地注意有沒有驗票員出現。身為一個窮困的家庭教師，我有好幾百個小時都在地鐵列車上望著窗外，偶爾瞥見尚未開通的隧道與空無一人的月台，想像著玻璃窗外的奧祕。

這就是為什麼，在我初次學會搭乘巴黎地鐵的二十年之後，我會對結識歐文登（Mark Ovenden）與佩平斯特（Julian Pepinster）如此開心。這兩人都已年近四十，並且同樣將自己兒時對火車的熱愛轉變為職業。出生於英國的大眾運輸記述作家歐文登著有《地下巴黎》（*Paris Underground*），這本插圖精美的著作介紹了巴黎地鐵的歷史與設計。在巴黎出生長大的佩平斯特，不但也正撰寫一本講述巴黎地鐵歷史的著作，而且還在巴黎大眾運輸公司（Régie autonome de transports parisiens）的安全部門擔任工程師。由於這家公司是巴黎地區大部分大眾運輸的營運者，因此他也就得以窺見巴黎地鐵的許多隱密角落。

歐文登提議和我在夏特雷站（Châtelet）外頭會面，在聖奧波爾坦廣場（Sainte-Opportune）上那個有著蜻蜓翅膀造型的地鐵入口。「這是巴黎地鐵的第一條路線，」他指出：「在二十世紀初期啟用，車站入口由建築師吉馬赫（Hector Guimard）建造。他採用了條紋優美的鑄鐵，看起來彷彿金屬像樹或植物一樣從地面上長了出來，整個構造看起來很像生物，這在當時的確是相當先進的設計。」

佩平斯特在斯特拉斯堡聖德尼站（Strasbourg-Saint-Denis）加入我們。他體型纖瘦，個性熱情，說起英語用字遣詞相當精確，而且帶有英國腔。我們走了幾百碼，來到一道嵌在聖馬丁門（Porte St. Martin）旁的人行道上、毫不起眼的樓梯井。聖馬丁門是巴黎的幾座凱旋拱門之一，在十八世紀曾是市界的標誌。佩平斯特取出一串鑰匙，打開了沉重的鐵門。

「這裡是一座廢棄地鐵站的入口，」他在門檻處停下腳步，以加強語氣。「這座車站在第二次世界大戰之前就關閉了。」歐文登和我跟著他走進燈光明亮的隧道裡。「技術人員還是會來這裡維護隧道的基本設施，所以電燈才會亮著。」佩平斯特在一段隧道壁前駐足，牆上滿是色彩異常鮮艷的廣告。不同於現代車站裡張貼的電影與百貨公司宣傳海報，這些廣告是由琺瑯磁磚製成，能保存多年。其中一個是漂白水廣告，畫面上一個北非婦女的苗條身影，在曬衣繩上晾著一條白色床單；黑色的手指抓著床單上方，但她的身體顏色較淺，彷彿漂白水將她的皮膚也漂白了。

「這個廣告在今天看來還真是政治不正確，」佩平斯特說。如今稱為聖馬丁站的這座車站，在鄰近路線的其他車站啟用之後便遭到淘汰，而在一九三九年關閉。我們走到一個較為陰暗的段落，才發現在我們之前也曾有人闖入這個禁止外人進入的地底世界。此處的隧道牆面全噴滿了噴漆，從地面到天花板都不例外。這種褻瀆行為惹得兩位地鐵史學家氣憤不已。「這些塗鴉客就像比賽尿尿的無聊傢伙一樣，每個都想證明自己能比別人尿得更遠，」佩平斯特喃喃說道。這裡還有更多的磁磚廣告，宣傳著毛皮大衣與早已消失於市場上的消毒劑品牌，卻都遭到了那些毫無美感的塗鴉污損。塗鴉一路延伸到月台的圓弧牆面上，這座月台在八〇年代期間加了隔間，充當流浪漢的棲身處。其中一個隔間裡擺著一張廢棄的輪椅。

「最奇特的是，」歐文登說：「一旦你環顧四周，就會發現自己身在一座正常的巴黎地鐵月台上。這面牆是在這座車站關閉之後才建的，牆的對面就有列車行駛。你要是搭乘從共和廣場站行駛到斯特拉斯堡聖德尼站的列車，望出窗外就可以看到自己穿越了一座老車站。」

佩平斯特領著我們走下另一道階梯。階梯底下的走廊由一道欄杆劃分成兩邊，以便讓上車與下車的旅客分道而行。佩平斯特指出，當初驗票員就把守在月台的入口處。我們在一個轉角處探頭張望，看見這裡是月台上一個陰暗的段落，而這時剛好正有一班地鐵列車喀噠喀噠地駛過。我瞥見車上一個坐在窗邊的年輕男子，瞪大了眼看著這座幽靈車站。那個人大有可能是二十年前的我，一個薪資低落的家教老師，夢想著埋藏在地底下的寶藏。

後來，我們一同前往佩平斯特位在聖哲曼德佩區（Saint-Germain-des-Prés）的公寓。三人邊啜飲著葡萄酒邊聊天，歐文登提到完善的大眾運輸是他搬到巴黎的原因之一。「這裡的大眾運輸規劃非常了不起，所有的設施全整合在一起。你可以用地鐵票租腳踏車騎到車站，而且地鐵站旁就有公車站牌。所有的運輸設施都能連接到城際火車。他們接下來會投資幾百億歐元建造全新的地鐵，增添八條新路線。實在太棒了。」

我年輕時在巴黎也曾有過這樣的領悟。在一座大眾運輸設施完善的城市裡，擁有汽車就不再是必要條件。巴黎在世界都市當中之所以獨特，就在於其大眾運輸網絡的密集度。倫敦與紐約的大眾運輸系統雖然涵蓋範圍較廣，但巴黎市中心的地鐵軌道里程卻比較長，也就是說，不論你人在市中心何處，距離地鐵站都不會超過五百碼。票價低廉，車班的間隔時間只有短短幾分鐘，而且搭車時間很少超過半個小時。

巴黎地鐵那些彎曲迂迴的新藝術風格車站巧妙融入了巴黎的市容裡，不禁讓人產生錯覺，以為地鐵系統與這座都市是同時發展出來的。不過，這座歷史城市的大眾運輸其實是後來花費大量心力、克服許多困難才建成的。而且，這套系統能持續營運並且進化，更是長期不斷維護與投資的成果。

巴黎之所以一直是全世界最多遊客造訪的城市，而且其廣場、運河和拱廊也備受居民的頻繁使用與喜愛，不單是因為這座城市原本就美，更因為巴黎從不允許歷史埋沒於水泥與瀝青之下。良好的大眾運輸讓這座城市得以持續運作，也避免了街道遭受汽車占據的下場。

簡而言之，巴黎得到了地鐵的救贖。

巴黎朝聖之旅

你如果想知道巴黎為什麼會發展成今天這個樣貌，就必須在這座城市裡漫步一遭。有個很好的起點，就是「零公里點」的圓型金屬標示牌。這裡是法國所有道路距離的起算點，位在聖母院前面，在巴黎地理中心的西堤島（Île de la Cité）上。（這座島的西部屬於第一區，巴黎從城市的中心點順時鐘向外螺旋排列，共劃分為二十個區。）在今天經常可見遊客聚集的此處，當初有一群稱為「巴黎西人」（Parisii）的高盧人分支部族在一座堡壘周圍定居下來，後來他們遭受凱撒的軍團征服。熱愛秩序的羅馬人規劃出棋盤式的街道，並且沿著一條舊高盧道路鋪設出「重要樞紐」（cardo maximus）——也就是所有羅馬聚落當中典型的南北向大道。

巴黎歷史上的這條「重要樞紐」至今仍然存在，就是聖雅克路（Rue Saint-Jacques），始於名為「小橋」（Petit-Pont）的橋梁南端，不遠處即是莎士比亞書店（Shakespeare and Company），店門口隨時都有許多愛書人瀏覽著一箱箱的書籍。一千年來，天主教徒總是沿著這條街道向南行，由此展開艱苦的朝聖之旅，前往西班牙西部的聖地牙哥（Santiago de Compostela）。在頭幾個街區裡，除了競逐遊客生意的貝果舖與可麗餅小販之外，可見到聖雅克路繞過索邦（Sorbonne）與聖日內維耶山（Montagne Sainte-Geneviève）——這裡曾是古羅馬城鎮廣場的所在地，如今則是矗立著萬神殿（Pantheon）。

若是在三百五十年前漫步在聖雅克路上的這段，你也許會看見這麼一幅不尋常的景象：一部馬匹拉行的車輛，由身穿巴黎市政府紅藍色制服的馬車夫駕駛，載著付費搭車的乘客前往盧森堡公園（Luxembourg Gardens）前方的站牌。每隔一段時間，即可看到衣著光鮮的紳士將五蘇的車費遞給車夫，[2]爬進車裡。這種「五蘇馬車」代表了大眾運輸誕生在現代城市裡。這是哲學家巴斯卡（Blaise Pascal）想出的方案，他利用自己在宮廷裡的人脈取得皇家許可，讓馬車行駛於五條固定路線。他聲稱這些馬車將會「極為便利，按照規律的時間發車，就算無人搭乘也仍然照常行駛」。這種馬車在一六六二年推出（正是巴斯卡去世那年），從一開始就備受喜愛，但卻顯然是一項超前時代的實驗；這項僅限士紳階級使用的服務在十五年後便告終止。

在十九世紀初，聖雅克路再次目睹了法國在運輸上的另一創舉：馬拉公車，也就是現代市區公車的始祖。不同於巴斯卡的五蘇馬車，馬拉公車開放平民百姓搭乘。一八二三年，一個名叫鮑德利（Stanislaus Baudry）的退伍軍官在南特（Nantes）外圍開設一家蒸汽浴場；為了吸引顧客，他提供行駛固定路線的馬車載客服務。鮑德利的蒸汽浴後來雖然倒閉了，但南特的居民仍然持續搭乘他那過大的馬車。（由於蒸汽浴附近有一家叫做「翁尼斯」〔Omnes〕的帽子店，其宣傳口號為「Omnes Omnibus」——這句拉丁文的意思是「所有人的翁尼斯」——結果蒸汽浴場的那種馬車就此被稱為「omnibus」〔公車〕。）五年後，鮑德利將這項服務帶到巴黎，設置一套公共馬車網絡，以二或三匹馬拉行的寬敞車輛按照固定時間行駛。但這位倒楣的企業家沒有成功——由於車夫私吞車資，導致他破產，結果他因此在聖馬丁運河投河自盡，但他的構想卻留存了下來。在公共馬車出現在巴黎一年之後，倫敦就出現了二十個座位的公車，從帕丁頓（Paddington）行駛到英格蘭銀行。三年後，公車也開始在曼哈頓的百老匯出現。巴黎的公車公司經過一段時間的激烈爭搶乘客之後，終於在一八五五年合併為通用公車公司（Compagnie Générale des Omnibus），據說該公司當時擁有全世界最大的馬車隊。不過，這種雙層公車基本上只是一種都市驛馬車，平均時速只有五英里，所以很快就被另一種比較平穩而且速度更快的運輸工具取代。

街車徹底改變了城市的樣貌。在城市發展史初期的一兩千年間，城市的大小皆受限於個人步行或騎馬容易抵達的距離；羅馬的人口在共和時期末期雖已達到一百萬人，但城市的寬度仍然只略多於三英里而已。讓馬匹拉行的公車於鐵軌上行駛，有減少摩擦力的效果，因此可以較少的馬匹拉動較大的重量，而且速度還能更快。盧巴（Alphonse Loubat）是一位住在紐約的法國工程師，最早鋪設了與道路表面齊平的軌道。他在一八五三年返回巴黎之後，以他的「美國鐵路」舉行了一場試營運——這是歐洲首次出現這種鐵路。由德國率先採用、並在美國經斯普拉格（Frank Sprague）改善的電力驅動街車，則是在二十世紀初開始取代馬匹拉行的公車。街車增加了城市居民在合理時間內的行旅距離，從而迫使古典的歐洲步行城市擴張成長，打破昔日的限制。巴黎最外圍的十二至二十區，全都出現在一八六〇年代以後，也就是在電力街車普及之後。

在距離聖母院約一英里半的地方，聖雅克路通過大眾農家牆（Wall of the Farmers-General）——這是一道關稅圍牆，其收費站後來在法國大革命期間成為憤怒暴民的攻擊對象。巴黎的成長過程大致上較不像是如樹幹般一個個年輪緩慢擴增，而比較像是螃蟹，每隔一陣子就衝破甲殼，再長出一個更大、更寬敞的殼。（這類的圍牆兩側都需要有大片空地，因此自然也成為交通管道，因應了歐洲城市現代化發展過程中的運輸需求；布魯塞爾與維也納在以往的城牆所在地興建了「環形街道」，亦即當地版本的林蔭大道。）備受厭惡的關稅圍牆一直存續到一八六〇年，才被形塑現代巴黎樣貌的奧斯曼男爵拆除。

奧斯曼男爵等於是十九世紀巴黎的摩希斯。身為塞納省長的他擁有史無前例的徵收權，能以寬廣的大道劃過拉丁區（Latin Quarter）與美麗城（Belleville）的迂迴街道，讓拿破崙三世的部隊得以深入易生叛亂的區域。他的宏大建築計畫在巴黎市中心建出許多立面樣貌一致的「奧斯曼式」公寓大樓，一樓是店面，上面有四、五層樓的中產階級公寓住宅，還有天花板低矮的閣樓供僕人居住。奧斯曼男爵標舉對稱與幾何造形的名義，夷平了整片住宅區，好讓目光能不受阻隔地眺望巴黎歌劇院、凱旋門及其他優美的紀念建築。他甚至更動了巴黎歷史上的「重要樞紐」，將位於聖雅克路以西兩百碼處的聖米榭爾大道（Boulevard Saint-

Michel）北側路段規劃為通往巴黎的新通道。

如同摩希斯，奧斯曼男爵之舉也造成龐大的社會動亂；他在整建過程中強制遷離了三十五萬的巴黎居民。[3]不過，巴黎人大致上都默許了城市的這些轉變：在改建工程臻於高峰之際，全城有五分之一的人口受雇於營建產業，而且許多人也都認為擁擠、疾病猖獗的巴黎確實需要現代化。奧斯曼男爵若是在汽車時代掌權，那麼巴黎恐怕難免將成為如華沙、伯明罕或莫斯科一樣的城市，被高速公路與汽車交通扼抑得奄奄一息。不過，他是在蒸汽時代進行這些建設工作，確保了北站（Gare du Nord）與蒙帕納斯站（Gare Montparnasse）等火車站真正成為通往法國首都的門戶。雖然他所鋪設的那些寬達一百英尺的大道是為了方便公車、私人馬車與部隊移動，卻也提供了行人步道、擺放咖啡座的露台以及各階級人士的會面場所。

不同於摩希斯對紐約市的開腸剖肚，奧斯曼男爵對巴黎的重新想像並沒有造成中產階級大量逃往市郊。巴黎的都市發展與美國的版本形成強烈對比，勞工與工業——連同房屋遭到徵收的貧窮人口——在公車與街車的協助下遷往城市邊緣，中產階級與富裕人士則聚居在中心各區。史學家羅伯·費許曼（Robert Fishman）在《布爾喬亞的烏托邦》（*Bourgeois Utopias*）一書中寫道，中產階級逃往市郊是「白種美國人特有的現象，對北歐與中歐的城市稍有影響，但以巴黎為模範的歐洲與拉丁美洲城市則看不到這樣的情形」。

充滿資產階級公寓大樓且街道上生氣盎然的奧斯曼式城市型態，向東傳播到了維也納，並受到布達佩斯、布加勒斯特及中歐與東歐的其他城市模仿；向南傳播到了巴塞隆納，並透過拉丁美洲傳至布宜諾斯艾利斯；最後，更傳播至十幾座號稱「東方巴黎」的城市，包括卡薩布蘭加、貝魯特、河內與上海。

在聖雅克路與奧斯曼男爵的皇家港口大道（Boulevard de Port-Royal）的交叉口，可以看見一座由紅色與暗黃色磚塊砌成的小售票廳，其「入口」與「出口」的標示牌都採用新藝術風格那種蜿蜒曲折的字體寫成。這裡是地鐵第六線的其中一個入口，啟用於一九〇六年。要是你透過柵欄窺看底下的露天平台，也許會看見列車駛入車站的身影。

地鐵是巴黎運輸建設的下一個重大革命。巴黎地鐵和紐約一樣，在動工之前也經歷過數十年的爭論。巴黎的主要鐵路線需要龐大的調車場與終點站，因此都遠離市中心，以免破壞古老的歷史區域。當年鐵路公司在法國政府的支持下，早就想將距離遙遠的各個終點站連結起來；然而，巴黎市政府卻希望在市區內建造一套由密集的車站構成的路網。所幸，後來市政府取得了規劃及興建地鐵的主導權。（所以巴黎地鐵才會稱為「都會鐵路」〔Métropolitain〕，而且市區內的車站才會那麼密集；從一開始，巴黎地鐵的目的就是要服務市區內的居民，而不是要促使市區居民外移到市郊。）不過，法國政府害怕公營的做法會招引社會主義的抬頭，於是拒絕由市政府負責地鐵的營運。因此，市政府雖握有規劃與督導權，卻另外挑選了一位比利時企業家負責地鐵的興建與營運。於是，巴黎都會鐵路公司（Compagnie du métropolitain de Paris）便在一八九八年成立。

六條路線只花了十年就建設完成。一九〇〇年的世界博覽會加快了第一條鐵路的興建速度。負責監工的是一位來自不列塔尼的獨臂工程師，名叫比昂韋尼埃（Fulgence Bienvenüe）——他的名字可大略譯為「閃電迎接」，相當切合率先將電力帶入地鐵的他。這場工程動用了三千五百名工人，而且施工期間導致巴黎陷入一片混亂。如同紐約，巴黎地鐵大多數的路線也是採用隨挖隨填的做法，因此里沃利街（Rue de Rivoli）及其他優美大道的鋪路石板都不免遭到挖除。工程人員在塞納河裡沉入沉箱，鐵軌穿越一條被埋在地底下的十七世紀運河；而且，為了確保院士的沉思不受干擾，一號線還特別變更路線，繞過法蘭西學院。早期的巴黎地鐵也遭遇到不少挫折。皇冠車站（Couronnes station）的一場列車火災造成七十七人喪生，原因是旅客為了要求退票而在月台上逗留太久，導致窒息死亡。塞納河的河水一度溢出河岸——當時的高水位線至今仍可見於拉丁區建築物牆面上用油漆畫出的線條，標示著「一九一〇」——以致工程人員必須划著木筏往來於被水淹沒的車站之間。

不過，巴黎居民很快就熱切接納了這套新系統。倫敦的地鐵啟用於一八六三年，是世界上的首座地鐵，當時列車仍然噴著煤煙駛入地底隧道；不過，巴黎的地鐵採取電力驅動，因此從一開始就沒有黑煙。在第一次世界大戰前夕，巴黎地鐵每年的乘客達五億人次。其車站數目比柏林或紐約的地鐵都還要多，是全世界最現代化也最高雅的地鐵，月台上的橢圓形圓拱與車站入口那有如生物般的設計，與奧斯曼式城市那種嚴謹幾何形式的景觀恰成令人欣喜的對比。

紐約地鐵造就了中城區的摩天高樓，促使人口擴散到下曼哈頓乃至外圍各區；巴黎地鐵卻是添加在一座實際上早已建成的城市之上。如同所有規劃完善的都市地鐵系統，巴黎地鐵也成為一副骨架，支持著地面那些有如軟組織的街道，讓巴黎在危機時刻依然得以保持完整。第二次世界大戰期間，儘管私人汽車幾乎完全消失於街道上，地鐵卻仍然持續營運，甚至有幾條路線還得以施工延長。[4] 法國雖以罷工活動頻繁著稱，但在巴黎地鐵的一百一十年歷史當中，其每日二十小時、全年無休的營運卻極少中斷。（一九九五年，一場全國罷工導致地鐵服務中斷了三週之後，法國隨即通過法律，規定地鐵員工即便在勞工抗爭活動期間，也必須提供基本程度的服務。）新式的運輸工具——尤其是汽車與高速公路——導致美國市中心區域人口外移，但為了服務市區而興建的巴黎地鐵卻維持了巴黎市中心的完整。

不過，巴黎地鐵有一大缺陷：這套運輸系統對於市郊通勤人士毫無幫助。即便到了今天，延伸至舊城門外的地鐵線也只有少數幾條而已。

若想目睹巴黎大眾運輸的下一項重大創新，就必須偏離聖雅克路，稍微繞個道。沿著一條林蔭大道步行兩百碼，來到往昔的「重要樞紐」，即可見到丹費爾羅什洛車站（Gare de Denfert-Rochereau）的石砌圓弧立面——這裡是區域快速鐵路的入口。你要是在這座車站搭上區域快鐵B線的雙層列車，即可抵達北方的戴高樂機場；若是轉乘C線，則可以抵達凡爾賽宮；或是轉乘A線，則可到西方的巴黎迪士尼樂園。整體而言，五條區域快鐵路線分別從巴黎市中心的各主要交會站通往最偏遠的市郊區域。法國在一九六〇年代初期開始興建區域快鐵之時，就已經有了明確的發展目標：當時，受到斯德哥爾摩市郊大眾運輸系統啟發的「指導計畫」，要求新設立的區域快鐵車站將人口聚集在塞吉蓬塔斯（Cergy-Pontoise）、艾弗里（Évry）與馬恩河谷（Marne-la-Vallée）等衛星城鎮。巴黎的市郊雖仍持續成長，但承載交通重擔的主要是鐵路，而不是高速公路。這些鐵路載運乘客往來於市郊的大學校園、機場，以及拉德芳斯高樓聚集的新就業中心。

區域快鐵的目標在於限制都市蔓延，結果也確實奏效。市郊化的發展雖然沒有中斷——在A線於一九六九年通車之後的六年內，巴黎市中心就流失了四十萬居民——巴黎市卻沒有像倫敦或莫斯科那樣大幅蔓延於周遭的腹地。區域快鐵鼓勵市郊居民住在車站的步行距離內，於是那些居民極少駕駛汽車通勤，而市郊也就沒有出現低密度的發展現象。遠郊地區的衛星城鎮不但密集得引人注目，巴黎市郊內環三區的人口密度更是比舊金山中心還高。主要由於區域快鐵的功勞，容納一千零二十萬居民的巴黎都會區所占用的土地面積，並不比佛羅里達州的傑克遜維爾大，但傑克遜維爾這座因為高速公路而出現的城市卻只有不到八十萬的居民。

沿著巴黎古老的「重要樞紐」走入第十四區，隨著汽車愈來愈多，對步行者的耐心可以是一大考驗。巴黎雖是世界上的一大步行城市，卻有一個非常嚴重的缺點：就是巴黎的駕駛人。巴黎的駕駛人可能是全世界最激動也最凶惡的一群。高盧人對汽車的熱愛開始得很早。在二十世紀初始，法國的道路原本被視為世界最佳的道路，米其林輪胎公司出版了第一本專供汽車旅客使用的旅遊指南，巴黎市郊邊緣也是全球新生汽車產業的首都。在第一次世界大戰期間的馬恩河會戰中，巴黎的計程車載運了支援部隊趕赴前線；在一九二〇年代，艾菲爾鐵塔上曾經閃亮著「雪鐵龍」字樣的燈光。不過，納粹占領期間的汽油短缺，促使巴黎街道上出現單車計程車與馬車；而且，直到一九五〇年代之前，汽車一直都只是上層階級的玩物。相當於法國版福斯國民車的雷諾4CV在一九四九年推出時，巴黎只有八萬部車輛。三十年後，這個數字已增加十倍，導致巴黎的街道淪為致命陷阱。到了一九七〇年代末期，巴黎每年平均有兩百人命喪輪下。

巴黎的歷史城區有一大部分皆為了駕駛人的便利而慘遭犧牲。為了改善交通的順暢度，主要大道的人行道都在一九三〇年代期間遭到縮減，行道樹與街頭小販一致遭到排除。為了避免行人任意穿越比較繁忙的交通動脈，有關當局於是以高達腰部的柵欄引導行人走上行人穿越道；在凱旋門周圍，行人則是只能穿行陰暗的地下通行道，以免對地面上的道路交通造成阻礙。由於雷阿爾（Les Halles）被指責是造成市中心塞滿運貨車的罪魁禍首，結果當地那座傳奇食品市集內由鋼鐵與玻璃建構而成的亭子——巴黎人都喜歡在清晨到那裡喝碗洋蔥湯——便在一九六〇年代遭到拆除，遷移到了市郊。

情形原本還有可能更糟。龐畢度（Georges Pompidou）曾經設想出一項野心龐大的建設計畫，其中包括了先前提過的那條打算覆蓋在聖馬丁運河上的快速道路。龐畢度在一九六九年當選總統，出門皆搭乘一輛採用V6引擎的雪鐵龍超大敞篷車。他曾說過這句名言：「巴黎必須迎合汽車的需求，我們必須揚棄過時的美學觀念。」他在一座歷史車站上方興建了高五十九層樓的蒙帕納斯大樓（Tour Montparnasse），一度是全法國最高的摩天大廈。他核准興建河濱快速道路，至今仍然將巴黎人與塞納河右岸的浪漫步道阻隔開來。此外，他還積極鼓勵都市蔓延，補助一項自有房屋普及方案，促使都市邊緣冒出七萬棟成本低廉的獨棟住宅。龐畢度要是沒有在一九七四年去世，巴黎恐怕無法避免將出現一套都市快速路網，連瑪德蓮教堂（La Madeleine）都會在一百碼內可見到八線道的快速車流，而奧斯曼男爵的大道也將成為市區的高速道路。

不過，龐畢度的技術官僚還是實現了他們最宏大的建設計畫：環城公路（Périphérique）。這條環形道路長二十二英里，有些路段寬達一百五十英尺，將巴黎圍繞在一圈持續不斷的繁忙交通當中。環城公路在一九七三年通車之後，平均每天每公里就有一場車禍發生，對降低交通堵塞也毫無幫助，而且還在巴黎及其市郊之間矗立起一堵實體與心理上的障礙。反撲的情形當時已然出現：一九六八年五月的街頭暴動中，學生紛紛縱火焚燒消費者渴望的至高對象——汽車。龐畢度的繼任者撤銷了幾條計畫中的都市快速道路之後，接著表態偏好改善「巴黎各區的景觀」；而石油輸出國家組織的禁運措施與一九七〇年代的能源危機，也扼抑了汽車的銷售量。

我在一九九〇年代初期住在巴黎，當時這座城市仍然對汽車深深迷戀，道路上滿是高速奔馳的車輛，以致我就算是橫越最狹窄的街道，也得隨時保持警覺。不過，在我離開巴黎之後的幾年，一場革命便開始了。大眾運輸在一九九五年罷工期間停擺所導致的大塞車，帶來了一項啟示：許多巴黎人意識到靠著自行車在這座密集城市裡移動的速度有多麼快之後，就紛紛開始購置這種兩輪交通工具。左岸的一條市集街道穆夫塔爾街（Rue Mouffetard）與聖馬丁運河的河岸在週日都禁行汽車，巴黎市也開始鋪設一套單車道路網，目前總長已達兩百七十五英里。真正的系統性變革出現於二〇〇一年，德拉諾埃（Bertrand Delanoë）這位社會主義者當選巴黎市長之後，即對「汽車霸權」公開宣戰。他做出了一項震驚駕駛人的決定，在夏季期間關閉龐畢度興建的河岸快速道路，並在柏油路面鋪上沙子，把塞納河右岸化為一片沙灘，連同上空日光浴遊客也一應俱全——畢竟，這裡可是法國。二〇〇七年，德拉諾埃推出單車自助租用服務（Vélib），這是全世界規模最大的單車共享計畫，任何人只要持有信用卡——現在更可使用地鐵通行卡——即可在市區裡的一千四百五十個取車站租用一部堅固耐用的灰色單車。在德拉諾埃執政下，由於公車專用道占用了里沃利街及其他主要幹道的車道，在巴黎開車因此變得困難重重。

昔日的「重要樞紐」在抵達環城公路之前，會先與元帥大道（Boulevard des Maréchaux）交叉——這是環繞巴黎的最後一條環形大道。你要是時機抓得好，也許能夠瞥見一縷幽魂芳蹤。每隔幾分鐘，一輛造型流線、電力驅動、滑行於鋼輪上的翡翠綠街車，就會沿著草地上的軌道行駛而過。這是在二〇〇六年開始通行的電車三號線，大巴黎地區共有四條電車線，行駛著空間寬敞而且上下車迅速的街車。這些電車線標誌了「美國鐵路」的復興——

上次在巴黎見到這種鐵路，已是一九三七年的事情了。

美國昔日的電車網絡之所以消失，經常被描述成是因為出現更優越的科技所造成的結果，而所謂更優越的科技就是汽車。但在當今的巴黎，消退的卻是汽車。有些電車線單日的載客量就已達十萬人次。到了二〇一四年，巴黎的電車營運里程預計將達六十英里，而且近來甚至有禁止汽車進入巴黎中心四區的論點出現。不久之後，聖雅克路可望恢復其原本的用途：成為一條供朝聖者與行人使用的步道，而不是讓缺乏耐心的駕駛人開車行駛的道路。

今天，若有朝聖者沿著昔日的「重要樞紐」走到聖母院以南兩英里半，將會遇到環城公路上十二線道的繁忙交通——在巴黎漫長的城牆建造史中，這絕對是最難跨越的一道障礙。不過，環城公路倒是有一項正面效應：這條公路讓巴黎人深感驚恐，以致巴黎市區在這條道路通車之後就不曾再有新的快速道路興建。不過，除非在這條公路上方架設一條適合步行的外環步道——近年來這項計畫確實得到認真考慮——否則這條粗暴的環形道路恐將是史上最堅硬的一副甲殼，即便是巴黎也難破殼而出。

巴黎市中心並沒有像紐約或洛杉磯那樣由大眾運輸引導其城市結構——這兩座美國城市皆隨著其地鐵及電車路線一同成長演變，但巴黎地鐵卻是精心設計以納入這座古老的步行城市。涵蓋範圍廣大的區域快鐵系統在現代巴黎的轉變中扮演了最重要的角色，讓市郊居民得以住在車站的步行距離內，從而造就人口密集的市郊，同時也限制了都市的蔓延。

相對之下，巴黎地鐵則是維繫了古城區的完整。畢竟，地底既然下有一套可靠、有效率又舒適的交通工具，又何必興建快速道路呢？

這就是地鐵如何拯救了巴黎。

超級地鐵

我接到的指示很明確：上午十一點四十分以前到共和廣場站的月台。一名身材高大的男子，身穿滾石合唱團經典專輯《頹廢大街》（*Exile On Main Street*）的T恤，外罩巴黎大眾運輸公司的藍色羊毛衫，從駕駛艙裡走了出來。和我握手之後，他露出一道心照不宣的微笑，邀請我搭上他的地鐵列車。

這位名叫馮索瓦的列車司機剃了個光頭，身高近兩百公分，腳穿運動鞋，外形看起來相當令人難忘。我和他是在蒙馬特一家酒吧裡由我的巴黎老友吉永與亞麗珊德拉介紹認識的。我們一同喝啤酒閒聊，馮索瓦提到自己是地鐵八號線的列車司機，並且說如果我想搭車，別忘了打電話給他。

馮索瓦坐上駕駛座，膝蓋頂著儀表板。他藉著月台上的一面凸面鏡觀察列車側邊的狀況，按下一個按鈕，啟動警示音，告知乘客列車即將開動，然後轉動一把鑰匙，關上車門。「叮！」一聲後，接著傳來電力馬達運轉的聲響，於是我們便開始加速駛進隧道。我注意到時速表上的極速是一百二十公里，於是問他列車會不會開到極速。

「從來不會！我在市郊地帶有時候會開到時速七十公里，可是要很小心。幾年前發生過一場很嚴重的車禍，一班列車以六十公里的時速開進一座弧形車站，可是那裡的時速應該只能有二十公里。結果列車出軌，所幸沒有人喪生。真是奇蹟。」

我們開動之後才四十五秒，列車就開始減速——在巴黎市中心，車站之間的距離通常不超過三百碼——在受難修女站（Filles du Cavaire）的月台旁停了下來。

我稱讚他將列車開得相當平穩。「車不是我開的！」他答道：「幾乎所有路線的列車都是自動駕駛。我關上車門之後，只要按下這個綠色按鈕，列車就會自己行駛了。」為了示範給我看，他鬆手放開節流閥，結果列車還是繼續加速。「我只要記得每三十秒踩一次腳踏板，讓列車知道我還活著就好了。」我們面前的軌道中間可看到一條塑膠條，裡面包裹著兩條電纜，能將資訊傳遞給列車底下的接收器，以便在軌道上的每一個段落中做出最適切的加速及減速操作。這整套系統都由一座中央控制站監控，那裡的值班人員監控著每一條路線上各班列車的即時所在位置。這套出奇耐用的自動駕駛系統採用於一九七〇年代，目前已使用於絕大多數的地鐵路線上，從來不曾造成事故。

就目前而言，像馮索瓦這樣的司機還是不免有些工作得要做。在都梅斯尼車站（Daumesnil），他指向月台盡頭的兩面標示牌。「PSV」意指軌道上有工人，也就是說馮索瓦必須轉換為「CM」，亦即手動駕駛。關掉自動駕駛之後，他緩慢加速駛入隧道裡，並且按了兩下鳴笛，警示兩名正在檢查隔壁軌道的工人，然後才加速到四十公里。不過，這是例外狀況：在大部分的路程上，馮索瓦扮演的都是督導者的角色，是列車前方一個令人安心的身影，而不是實際上的駕駛。

最後一站是克雷泰伊省站（Créteil Prefecture），位於環城公路東南方五英里處。我們在這裡到站之後，馮索瓦下車伸展了一番，然後從自動販賣機買了一罐咖啡。此時是十二點四十分，他這一天的工作已經結束了。他在當天清晨五點半打卡上班，到這時已完成了三趟長達二十八英里的來回旅程，一天的工作時數為六個半小時。我問他駕駛地鐵列車是不是他從小的夢想。「才不是！」他答道：「這只是我謀生的工作而已。」他主動對我透露，由於這項工作年薪四萬一千歐元，工作時數又相對較短，因此讓他得以追求自己真正的熱情：攝影。他通勤回家的路程也很簡單：他的公寓就位於這條地鐵線的西端終點站巴拉爾站（Balard）附近，步行只需十分鐘。

我們搭乘另一名司機操控的列車返回巴黎。這位司機名叫米歇爾，年紀很輕，左耳垂掛著一個塞爾特十字耳環，一綹藍色髮絲垂在前額上。司機工會已宣布將發動一場二十四小時的罷工活動，馮索瓦打算參加，但米歇爾還沒有決定。（幾個月後，退休金改革議題在法國引發全國性的罷工，以致有些大眾運輸路線不得不限縮服務。）不過，真正讓他們憂心的其實是發生在一號線的事情。在投注大筆成本，而且服務沒有中斷的情況下，這條巴黎地鐵的第一條線已逐步改採全自動運作。自動化是比自動駕駛更進一步的發展：新式的列車將不再需要司機，整條線只需六名員工即可操控。

「明顯可見，我們非常厭惡這樣的發展，」馮索瓦說：「我想我們的職業生涯大概再過不久就要結束了。」

這套新系統必須裝設預防自殺的月台門，不但可減少事故發生，而且由於班次之間的間隔縮短，整條線的載運量將可增加百分之十五。隨著世界各地的都市軌道系統都朝向自動化發展，像馮索瓦與米歇爾這樣的司機將可能步上電梯操作員的後塵。我同情他們的處境，但我也目睹了自動化改善服務品質的效果。巴黎地鐵已全面自動化的第十四線——稱為「東西快速地鐵」（Météor）——自從一九九八年就已通車，給人的搭乘體驗非常愉悅。車廂之間沒有隔開，所以可以走到列車最前端，看著位在塞納河底下的隧道內的燈光飛掠而過，沒有司機在前面阻擋視野。在財務吃緊的北美城市裡，工會員工的薪資會是擴張大眾運輸系統的一大阻礙，採取自動化科技更是合理的選擇。

馮索瓦坦承當前的情形得有所改變。巴黎地鐵有許多路線的載運量都已到達極限。第八線的班車在尖峰時刻雖然擁擠，比起第十三線那惡名昭彰的列車卻已是寬敞得多。馮索瓦曾在第十三線擔任過兩年的司機。

「那條線從南方市郊通到北方的聖德尼，兩處都是巴黎最貧窮的區域。第十三線上有很多主要車站，也有很大的交匯站，例如克利希廣場站（Place de Clichy）或香榭大道站。那是乘客最多的一條線，駕駛列車讓人很頭痛。」那裡的月台極為擁擠，他老是害怕哪天會有小孩子跌落軌道；而且，他也對乘客為了班車延誤向他大吼大叫厭煩不已，因此他在列車靠站時都躲在駕駛艙裡。「你要是開過第十三線的列車，」馮索瓦：「那你開什麼地方的列車都沒問題了。」

我在共和廣場站與馮索瓦揮手道別，這裡的月台在下午兩點就已開始湧現人潮。下車後，我思考著搭乘地鐵的體驗有了多大的改變。二十年前我住在巴黎時，即便在尖峰時刻通常也還能找得到空位可坐。如今每當我造訪巴黎，搭乘地鐵老是只能站著，而且車廂裡不僅沒有空位，和我一樣站著的乘客也非常多。自從二〇〇〇年以來，巴黎地鐵的乘客人數每年都增加百分之三到五——相當於每年在這套系統上增添一座十五萬人的城鎮。南北向的第十三線是少數延展至環城公路以外，並深入市郊地區的大眾運輸設施，現今的載運量已達到百分之一百一十六，儘管班車間距只有一百秒而已。

所幸，這座發明了「五蘇馬車」的城市已準備發動大眾運輸的下一場革命：一套完全以市郊為中心的高速自動地鐵系統。事實上，也的確是時候了。大多數遊客所造訪的巴黎其實不是絕大多數巴黎人居住的地方；巴黎地區整整有百分之八十二的人口都住在環城公路以外的密集市郊。不同於許多美國城市，巴黎沒有高樓大廈密布的市中心商業區，就業中心也分散在舊城區外的許多密集節點。即便是專為服務市郊而規劃的區域快鐵，也不再承載得了這樣的重擔。長期以來缺乏平價住宅的現象，已經迫使許多巴黎人搬到東邊位於迪士尼樂園附近的公寓大樓，但他們的工作地點仍在拉德芳斯及其他位於西邊的辦公園區，以致每天都得搭乘擁擠得令人難受的區域快鐵列車橫越全城。這是許多現代大都市共有的問題：往返於不同市郊區域總不免得穿越擁擠的市中心。

巴黎提出的解決方案是「超級地鐵」（Supermétro）——經過長達數月的公共諮詢以及左翼地方官員和右翼中央政府的爭辯之後，其路線終於在二〇一一年夏季正式公布。成本兩百一十億歐元的大巴黎快鐵（Grand Paris Express）將設立五十七座車站，大致上排列成兩個「8」字形的環形路線。內環將以一到三英里的距離圍繞著環城公路，列車主要都行駛於地底下——其中有些二十四小時營運——而且將採取全自動化運作（也就是說像馮索瓦這樣的司機在那裡找不到工作）。資金將來自地方與中央政府、貸款以及新設立的不動產稅收。大巴黎快鐵的車站預計將在二〇二五年完工，屆時車站的分布將會相當密集，市郊最內圈的大多數家宅都會位在車站的步行距離內。不過，由於列車的時速達四十英里，因此不到一個小時即可抵達大巴黎地區的任何一個地點。

巴黎這種以市郊為服務對象的超級地鐵，是大眾運輸下一步的合理發展，也正是洛杉磯、費城、芝加哥、多倫多與波士頓以及許多開發中國家的城市所需的藥方。以環形路線連結原本從市中心放射而出的路線，可讓居民往返於不同市郊區域，促使大眾運輸足以比擬汽車的彈性，並大幅減少市區的交通量。

如同大眾運輸史學家歐文登告訴我的：「不論在法國、西班牙、荷蘭還是德國，一般民眾完全不認為投資大眾運輸有什麼不對。他們都瞭解，既然有都市區域，就必須有讓人在都市區域內移動的方法。這是合情合理的事情。」

巴黎地區每年四十七億歐元的預算，整整有四分之一都用於道路與大眾運輸；針對員工達九人以上的公司所徵收、專用於大眾運輸的薪資稅，則提供了一項長久穩定的收入來源，讓大眾運輸的品質得以不斷改善。

你如果想有一座能在未來繼續運作的城市，現在就得先興建智慧型的大眾運輸系統。巴黎顯然思考過這個問題。

雙城忌

我喜愛巴黎地鐵的程度勝過世上其他任何的地鐵系統，而且不只是因為走出巴黎地鐵就能看見巴黎的街道，巴黎的大眾運輸系統更是高雅與效率的模範，成就相當難超越。

這不是說我認為全世界所有的都市大眾運輸系統都應當交給打造巴黎地鐵的人士經營，但這正是部分法國運輸公司追求的目標。在一項足以讓主張自由放任資本主義的經濟學家傅利曼（Milton Friedman）興味盎然的逆轉現象當中，原本主張國家集權的歐洲，現在竟引領了追求大眾運輸民營化的全球趨勢，甚至也將腦筋動到美國那些由市政府經營的公共運輸系統上。

我之所以注意到這種推動民營化的現象，是在過去這幾年的旅程中無意間的發現。我在瑞典第三大城馬爾默（Malmö）的火車站外等車時，注意到當地的公車是由威立雅（Veolia）這家法國私人企業經營。在亞利桑那州梅薩搭上一班公車時，我又訝異地發現當地公車的經營者是一家當初由拿破崙三世成立的法國企業集團。在我的家鄉蒙特婁，近來我也注意到市際公車上有傳運公司（Transdev）的商標，這又是另一家法國企業。

大眾運輸的民營化是晚近出現的發展，但其根源卻可追溯到十九世紀。紐約早期的高架鐵路與地鐵，雖然和洛杉磯的電車線一樣都是由私人出資興建，但英國與多數歐陸國家的政府，儘管經常將自由放任資本主義掛在嘴邊，對於大眾運輸系統規劃的監督卻是達到美國無法想像的程度。在街車時代，巴黎及其他歐洲國家提供私人街道鐵軌五十年的特許權，期滿之後所有的軌道與隧道就必須無償交給市政府，而且市政府還可自行選擇是否買下列車。在英吉利海峽對岸，六家私人公司分別興建並經營倫敦地鐵初期的幾條路線——這種現象導致乘客轉乘不同路線的時候，通常得爬上地面，走到另一座車站，再重買一張票——直到一九三〇年代才整合成一套單一系統，並且在一九四八年由英國工黨收歸國有。巴黎地鐵雖是由一位比利時企業家興建營運，還有兩條路線由一家獨立公司興建經營，但規劃權仍然掌握在巴黎市政府手中。私人營運並沒有像在紐約那樣引起大眾反感——也許是因為巴黎地鐵的列車從來不曾太過擁擠。儘管如此，巴黎的地鐵與公車還是在一九四八年收歸國有；自從二〇〇五年以來，策略監督權掌握於法蘭西島運輸聯合會（Société des transports de l'île de France）手中，巴黎大眾運輸公司則依然負責營運。

事實上，自從二次大戰以來，世界上多數大城的大眾運輸都是由公家機構營運。支持大眾運輸公營的論點有二。第一，大眾運輸系統與鐵路都屬於自然獨占的事業；如同電力事業或下水道系統，大眾運輸系統若是由單一機構管理，即可降低支出，提高效率。第二，由於設計良好的運輸系統具有提高地價與減少交通壅塞及污染等外部效益，因此這種系統的營運目的最好不要是追求業主利潤的最大化，而應該是追求公眾利益。紐約、巴黎與倫敦的地鐵初期發展史，顯示私人企業確實能以極高的效率興建及經營有利可圖的路線。不過，個別經營的路線一旦合併成一套網絡，形成私人獨占之後，難免會發生問題。歷史上，這種現象曾導致經營者縮減利潤不高的路線服務，接著則是過度擁擠，大眾即不免對貪婪的經營者將自己的獲利建築在通勤乘客的痛苦上深感厭惡，從而要求將大眾運輸收歸公有。

值得注意的是，目前一股受意識形態推動的民營化風潮正席捲歐洲的運輸區塊。這股風潮起於一件鮮為人知的歐盟指令，規定鐵道機動車輛（亦即行駛於軌道上的列車）與軌道設施（包括隧道與鐵軌）的所有權與經營管理必須各自獨立——「輪鐵分離」——從而拆散國家的鐵路獨占權。此舉在法國造成的結果，就是最近剛民營化的法國國家鐵路公司（SNCF）必須為其子彈列車行駛於法國鐵路網（French Rail Network）這個國家機構的軌道上而支付使用費。（為了支應成本，法國鐵路網提高了軌道使用費，於是，原本比其他歐洲國家低廉的法國火車票價也隨之上漲。）這種思考邏輯認為，歐洲的鐵路網絡應該和航空產業一樣，開放自由市場競爭：舉例而言，像瑞安（RyanTrain）或易捷（EasyRail）這樣的廉價高速列車，未來將可在布魯塞爾至柏林或是里斯本至馬賽的鐵路上和其他列車競爭。義大利已經民營化的義大利國鐵，早已開始爭取在法國的城市之間提供運輸服務。

令人訝異的是，這股民營化風潮有一天可能也會涵蓋都市大眾運輸系統，包括巴黎地鐵。巴黎大眾運輸公司雖然仍是公家機關，卻已經將許多部門民營化，而得以經營佛羅倫斯的電車線、約翰尼斯堡的機場列車以及東倫敦的部分市公車。當然，另一方面來說，巴黎日後的地鐵、公車或電車路線也可能由丹麥、葡萄牙或德國公司經營。巴黎大眾運輸公司對於能否贏得興建市郊超級地鐵的合約，甚至沒有必然的把握。法蘭西島運輸聯合會身為地方政府的大眾運輸主管機關，對於巴黎大眾運輸公司打算成立個別公司以監管軌道設施並營運列車的做法頗為懊惱。批評人士認為輪鐵分離乃是薩柯奇的右翼政府追求大眾運輸徹底民營化的另一步。[5]

倫敦地鐵近來民營化的嘗試並未成功。布萊爾的工黨政府拒絕打破前任保守黨政府不再增加開支的承諾，於是設法尋求私部門參與——主要是讓政府不必負擔地鐵的翻修費用。英國政府在由此帶來的公私合夥關係當中，將地鐵賣給了三家基礎設施公司，每一家都得到為期三十年的租約，維護不同路線的軌道、號誌與列車。至於列車的營運，則交由一家倫敦交通局掌控的新公司負責，名為倫敦地下鐵（London Underground）。這項合夥關係從一開始就是一場災難。由於軌道的維護與列車的營運分屬不同機構，因此產生出怪異的衝突：基礎設施公司企圖壓低維修軌道與手扶梯的成本，於是對倫敦地下鐵公司施壓，要求列車在週末不得營運。這項合夥關係始於二〇〇三年，但基礎設施公司在五年後就以成本飆升為由退出。一般支持民營化的論點是這種做法能促進創新與成長，但在私人公司的主導下，倫敦的地鐵路網卻未見絲毫擴增。最後，得利的只有律師與仲裁者：單是擬定那些合約，就要價五億英鎊。倫敦的地鐵票價雖然原本就不便宜，近來卻更是貴得誇張。現在，搭乘最短路程的最低票價是四英鎊（是巴黎地鐵票價的二點五倍）。重新收歸國有的倫敦地鐵如今已回到原點：維修工作仍由內部的單一公共機構負責，也就是倫敦交通局。

「英國所有這些公私合夥都已失敗，而回歸公部門，」英國運輸問題的首席評論家沃瑪（Christian Wolmar）告訴我：「將基礎設施和營運區分開來的做法，造就出一種完全不必要的介面，只會導致無止盡、難以理解的衝突，但我們真正需要的是這兩者之間的密切搭配。就我所見判斷，要是沒有將鐵路網絡民營化，應可省下數十億英鎊。」

民營化顯然合乎歐洲企業的短期利益，因為這些企業在運輸產業裡早已是世界領袖。除了巴黎大眾運輸公司之外，現在還有兩家龐大的法國企業集團正積極朝全球大眾運輸市場擴張。凱歐里斯公司（Keolis）目前擁有四萬名員工，經營對象包括維吉尼亞州的通勤列車與墨爾本的電車系統。威立雅運輸企業與對手傳運公司在二〇〇九年合併之後，形成全世界最大的私人都市運輸公司：一家資本額四百八十億美元的跨國企業，共有十一萬九千名員工，分布於二十八個國家，每年載運的乘客達三十三億人次（相當於巴黎地鐵與紐約地鐵乘客數的總和）。法國企業集團近來的併購對象包括紐奧良的公車與電車、拉斯維加斯的快捷公車系統、波士頓的麻州灣通勤鐵路（Massachusetts Bay Commuter Railroad）以及聖地牙哥的飛毛腿輕軌系統（Sprinter）。自由市場專家可以宣稱這是私部門的勝利——如果這些企業真是私人企業的話。然而，凱歐里斯是法國國家鐵路公司的子公司，威立雅傳運公司的母公司是拿破崙在一八五三年成立的水務公司（Compagnie des Eaux）。威立雅的新夥伴傳運公司，則是路易十八成立的一項龐大退休基金底下的子公司。這類公司所受的國家保證支持，是私部門的競爭者得不到的。

澳洲大眾運輸學者米斯指出，法國的私營大眾運輸產業已經「受到三家大公司的寡占，以致共謀的行為比競爭更常見」。我問米斯對於他家鄉墨爾本的狀況有什麼看法，因為當地的電車線早在一九九九年就已民營化。「兩家法國公司投標爭取電車與火車的經營合約，」他告訴我：「他們以低價搶標的方式得標。他們根本不在乎獲利預測是否真實，因為他們知道只要自己以退出做為威脅，政府就會對他們提供紓困。他們在自己的母國學到訣竅之後，現在已成了操弄大眾運輸合約的專家。這基本上是個投機產業。」米斯指出，墨爾本的大眾運輸在民營化之後不但服務品質下滑，政府每年還得增加對那些私人企業的補助，現在金額已逼近一年十億澳元。

如同沃瑪認為的：「當前這種民營化概念的關鍵缺陷，就在於這是一種偽資本主義。他們在十九世紀興建最早的鐵路線時，那是一種赤裸裸的資本主義：你投入資金，要是誤判了市場，就可能血本無歸。現在，這卻是一種偽裝的資本主義，因為私人企業知道政府絕對不可能放任大眾運輸服務停擺。」

這種偽資本主義最具腐蝕性的面向，都隱藏在私部門效率的論點背後。真正由國家經營的運輸企業，其員工經過數十年來的勞工運動之後，已經爭取到了像樣的薪資與福利；但扮演私營公司角色的偽私營運輸公司之所以能在投標開價上勝過競爭對手，正是因為他們的員工薪資與福利都比較低。

我搭過凱歐里斯與威立雅所營運的公車與火車，其服務都可以相當不錯，坐起來也頗舒適。但有一點確實不免讓人感到奇怪：在削減成本的大纛下，亞利桑那州、維吉尼亞州與路易斯安那州的政治人物竟然任由民眾的通勤車資落入法國跨國企業的手中，而不願將這些錢拿來為當地人提供像樣的工資與福利。經濟衰退之後，隨著利潤消失，整套大眾運輸系統更不免陷入遭到捨棄的危險，以致納稅人只能自掏腰包補貼。美國的公營大眾運輸機構雖以缺乏效率著稱，但這種情形可能比較是歷史而非意識形態造成的結果。美國的公部門接管現象通常發生於六〇年代以後，許多城市都接手了破產的私營系統，而且不曾有機會發展出高效率的營運文化。（多倫多及其他加拿大城市的大眾運輸機構在二十世紀收歸市營的時間比美國早了許多，因此記錄通常也比較優良。）危險的是，美國在促進民營化的名義下，可能會允許法國——或者該說是法國那些國家支持的偽私營運輸企業——投標經營美國少數僅存真正具有公共精神的機構，也就是大城市的大眾運輸主管機關。二〇〇九年，紐奧良成為第一座將大眾運輸管理權完全交給私人公司的美國大城。威立雅傳運公司接手之後的服務品質眾說紛紜，但載客量仍然遠低於卡崔娜風災之前的水準；而且，一家法國公司竟可獲得數千萬美元的公共振興資金，恐怕還是不免讓人覺得奇怪。

老實說，我有點擔心自己在聖查爾斯大道（St. Charles Avenue）搭乘過的那些老電車。要是利潤持續下滑，政府補助私營企業的意願又一旦消失，那些電車就可能和慾望街車一樣一去不復返。

我承認，若能看到經營巴黎地鐵的公司如何重塑芝加哥捷運，應該會是很有趣的事情；一些新藝術風格的鑄鐵設計應可為芝加哥市中心增添不少迷人風采。不過，我寧願享有可靠的服務。畢竟，身為大眾運輸乘客的樂趣之一，就是搭乘具有當地特色的運輸工具——最好其員工還能領到像樣的薪資。

巴黎浩劫

這幾年來，每當我造訪巴黎，總會和我的朋友亞麗珊德拉與吉永相處幾天，這一次也不例外。身為小學老師的吉永來自諾曼第，擔任圖書館員的亞麗珊德拉則是在巴黎長大。他們在第十八區買了一間一房公寓，家中除了他們兩人之外，還有寵物貓皮塞克與他們剛出生不久的兒子艾提安。

他們的公寓位於五樓，所在的大樓沒有電梯，而且已有九十年的歷史。公寓雖小，但他們卻相當善於利用空間。電腦擺在臥房內的桌上，旁邊有一扇俯瞰大樓中庭的窗戶。洗衣機擺在浴缸邊，廚房、餐廳與客廳則全位在同一個空間裡。我記得住在洛杉磯的克特金曾諷稱這類舊大陸住宅是「哈比人住宅」。但許多人不解，歐洲的城市居民為何願意以居住空間換取市區內的便利設施。畢竟，若是羅浮宮與塞納河左岸的電影院就位於你家後院，你又何必擁有華麗的門廳與家庭劇院？亞麗珊德拉與吉永的公寓外面是一座露天市集，蒙馬特的葡萄園與滿布長凳的廣場，也只要步行十分鐘即可抵達。他們家附近有露天咖啡座可以歇息、有書店可以看書、有綠意盎然的公園可以讓他們帶艾提安去散步，還有數以百計的小餐館，供應各式各樣的平價餐點。

更重要的是，紅堡地鐵站（Château Rouge）的入口距離他們的公寓大樓前門只有兩百碼。對吉永與亞麗珊德拉而言，地鐵就是通往巴黎各地、甚至歐洲各地的鑰匙。他們一搭上四號線，只要一小段時間就可抵達巴黎各大火車站，從而能搭乘高速列車前往倫敦與阿姆斯特丹、馬賽與柏林。如同我認識的大多數巴黎居民，吉永與亞麗珊德拉從來沒擁有過汽車。汽車的油錢與保險費都非常高，在狹窄的街道裡停車更令人頭痛。「買車？」吉永曾以不可置信的語氣這麼對我說：「買車有什麼用？」

我剛認識亞麗珊德拉的時候，她總是習慣騎著一輛小小的荷蘭單車，而我也在她的引介下體會到在巴黎騎乘單車的樂趣。現在，每當我造訪巴黎，我總喜歡利用市區裡隨處可見的廉價租借單車，興味盎然地觀察著這裡的單車道如何遍及市內各地，甚至連過去一向由汽車占據的里沃利街也不例外。

這次來到巴黎，我騎著單車馳騁在右岸的幹道上，卻在穆里斯飯店（Hôtel Meurice）前方被一個為一輛賓利轎車開門的門僮短暫擋住去路。我壓下表露不悅神情的衝動，接著才突然想起，這裡正是德軍佔領期間被納粹徵用為總部的那家飯店。

當盟軍於一九四四年八月七日進軍巴黎之際，此處正準備執行一項徹底摧毀巴黎的計畫，破壞程度比起柯比意的鄰比計畫更有過之。納粹在各處都安裝了炸藥，包括艾菲爾鐵塔乃至塞納河上的橋梁。軍事總督馮肖爾蒂茨（Dietrich von Choltitz）正等著柏林下令之時，向巴黎市長坦言這座城市已被指定為摧毀對象。一般流傳的故事指出，巴黎市長體認到自己只有一次機會可說服馮肖爾蒂茨改變心意。那名患有氣喘的德國將軍這時劇烈地咳嗽起來，巴黎市長於是帶他到陽台上呼吸點新鮮空氣。

那位市長決定從馮肖爾蒂茨的感性下手，他指向巴黎傷兵院的金色拱頂與艾菲爾鐵塔有如蛛網般交錯的鐵架。這時突然出現一幅景象：一位相貌甜美的女孩騎著單車滑行於里沃利街上。市長對將軍說：你怎麼忍心摧毀一座這麼美麗的城市呢？

馮肖爾蒂茨深受感動。他瞞騙上司，發出電報向柏林謊稱摧毀巴黎的行動已經展開。幾天後，他向盟軍投降，把完好無缺的巴黎市交給戴高樂的部隊。

這是一項值得紀念的奇蹟。巴黎在二十世紀期間雖然備受推土機與汽車的威脅，卻在納粹佔領期間差點就真正地灰飛煙滅。結果，拯救這座城市的，是一個騎著單車的女子。

1 譯注：瓦拉士噴泉是十九世紀倫敦慈善家瓦拉士（Richard Wallace）在巴黎出資設置的公共設施，為路人免費供應潔淨的飲用水。

2 譯注：蘇，sous，舊時法國輔幣。

3 摩希斯相當崇仰奧斯曼男爵，在一九四二年的《建築文摘》裡撰寫了一篇文章稱許他。不過，摩希斯堪稱是紐約的大屠夫，大刀闊斧地砍除紐約都會裡的障礙，奧斯曼男爵卻自喻為麵包師傅，認為「切割派的內餡比切開餅皮容易得多」。

4 在納粹佔領期間，猶太人被迫戴上黃色星形標章，而且只能搭乘最後一節車廂，地鐵於是成為反抗陣營的聚會地點，並且令德國士兵頗感害怕——尤其是一名軍官在一九四一年於巴貝斯車站（Barbès station）遭人射殺之後。

5 有些評論家認為這種民營化其實是「行政法人化」。大眾運輸系統與國家鐵路公司為了表示遵循歐盟規範，都自行分割成不同的公司，再互做彼此的生意。他們只是表面上假裝與外國企業競爭，但仍然照舊能夠取得合約。巴黎地鐵的營運看起來之所以和以往沒有什麼差別，原因是巴黎大眾運輸公司藉由精明的手腕與歐盟達成協議，將徹底民營化推遲到二〇三〇年。